Docteur Charles BONNET

DES PAROISSES DU BAILLIAGE

DE

I

Canton actuel de Liancourt.

ABBEVILLE

1910

CAHIERS DES DOLÉANCES

DES PAROISSES

DU BAILLIAGE

DE

CLERMONT-EN-BEAUVAISIS

I

Canton actuel de Liancourt.

EN PRÉPARATION

DANS LA MÊME COLLECTION :

Cahiers des doléances des paroisses du canton actuel de Clermont, par Amédée BEAUDRY ;
Cahiers des doléances des paroisses du canton actuel de Crèvecœur, par M. le docteur Charles BONNET ;
Cahiers des doléances des paroisses du canton actuel de Saint-Just, par Amédée BEAUDRY.

Les cahiers du bailliage de Clermont-en-Beauvaisis paraîtront ainsi successivement.

Docteur Charles BONNET

CAHIERS DES DOLÉANCES

DES PAROISSES DU BAILLIAGE

DE

CLERMONT-EN-BEAUVAISIS

I

Canton actuel de Liancourt.

ABBEVILLE

F. PAILLART, Imprimeur-Éditeur

1910

CAHIERS DES DOLÉANCES

DES PAROISSES DU BAILLIAGE

DE CLERMONT-EN-BEAUVAISIS

Canton actuel de Liancourt.

Dans un de ses contes en vers, intitulé *les Finances* et écrit en 1775, Voltaire critique spirituellement quelques-unes des contributions indirectes. Il imagine un bourgeois des environs de Reims, vivant du produit de ses vignes, aux prises avec

> Le royal directeur des aides et gabelles.

Ce dernier, quand son interlocuteur l'a régalé « du meilleur de son cru », lui dit d'un air goguenard :

> Voici votre mémoire.
> Tant pour les brocs de vin qu'ici nous avons bus ;
> Tant pour ceux qu'aux marchands vous n'avez point vendus,
> Et pour ceux qu'avec vous nous comptons encor boire ;
> Tant pour le sel marin, duquel nous présumons
> Que vous deviez garnir vos savoureux jambons.
> Vous ne l'avez point pris et vous deviez le prendre.

La scène continue. Arrive le contrôleur du domaine royal. Il inflige au bourgeois une amende pour fausse déclaration dans un inventaire. Et Voltaire de conclure par ces mots :

> C'est ainsi qu'on travaille un royaume en finance.

Travail ruineux, non seulement du fait des aides et des gabelles, mais aussi du fait de toutes les contributions, et dont les publicistes de la seconde moitié du xviiie siècle étalèrent et dénombrèrent les tristes résultats ; — travail où s'épuisait la France. Il amena une crise périlleuse, dont le traitement fut laissé par Louis XVI à l'initiative des Etats-Généraux.

Avant de guérir le pays débilité et anémié, il fallait l'interroger sur son mal. Les lettres signées par le roi à Versailles, le 24 janvier 1789, y pourvoyaient. Ce que la France pensait d'elle-même est contenu dans les cahiers des trois ordres, tels qu'ils furent présentés dans tous les bailliages.

*
* *

La situation du Tiers-Etat est, de beaucoup, la plus intéressante. Dans l'intention de la préciser pour ce qui concerne notre région, on publiera dans la collection qu'inaugure ce fascicule, et successivement, les cahiers des doléances des paroisses formant l'ancien bailliage de Clermont-en-Beauvaisis.

On commencera par celles du canton actuel de Liancourt.

Elles dépendaient de deux bailliages, celui de Senlis et celui de Clermont.

Nous ne nous occuperons que des paroisses du ressort du bailliage de Clermont. C'étaient : Catenoy, Cauffry, Liancourt, Nointel, Rantigny, Sacy-le-Grand et Uny-Saint-Georges. Le texte des représentations des habitants de Nointel a été donné déjà par M. Amédée Beaudry [1]. Il est donc superflu d'y revenir. Restent, en conséquence, les doléances de six paroisses.

---

1. Cf. *Autour du plateau de Liancourt*, pp. 22 et suivantes.

I

Catenoy.

La paroisse de Catenoy était de l'élection et du bailliage de Clermont. Elle comptait, en 1789, 196 feux. Elle avait pour seigneur l'évêque de Beauvais, et pour curé M. Prévost, qui prit part à l'assemblée du clergé à Clermont du 9 au 14 mars 1789.

Représentations du village et hameaux [1] dépendant de la communauté de Catenoy, à l'assemblée du bailliage de Clermont en Beauvoisis, ordonnées par Sa Majesté, portées par ses lettres du vingt-quatre janvier dernier pour la tenue des Etats généraux de ce Royaume et satisfaire aux dispositions du règlement y annexé, ainsy qu'à l'ordonnance de Monsieur le Bailly dudit Clermont,

Représente que son territoire est très sujet aux intempéries des saisons par la faiblesse de son sol, ce quy l'expose bien des années à de chétive récolte, celle du bled présentement sur terre étant déjà gellée à au moins un tiers de pure perte, à resemer en grain de mars.

Ce village est composé d'environ cinq cens communians, lesquels possèdent tout au plus un huitième des propriétés foncières, le surplus appartenant à gens de mainmorte, Mgr le duc de Bourbon et différents bourgeois, malgré cela paye tant en taille, imposition, accessoire et capitation plus de six mil livres, outre environ onze cent livres représentatif de la corvée, se plaint nottament de cet impôt, dont elle ne jouit d'aucuns avantages pour ses chemins ny l'exportation [de] ses denrées aux marchés voisins [2].

Demande la suppression des aides, la décharge des impôts du sel, du tabac, la suppression aussy de la marque des fers et cuirs, attendu que tous ces impôts étant supportés personnellement, et non en raison des facultés et aisances des citoyens, tombent autant sur les pauvres que sur les riches.

Notre communauté sentant bien qu'elle est obligée de subvenir aux besoins de l'Etat, demande à ce que tous les impôts soyent convertis en un seul, afin qu'il en

---

1. Ces hameaux existent toujours ; ce sont : Courcelles, Villers-sous-Catenoy, Visigneux et Saint-Antoine.
2. D'après M. BEAUDRY qui a résumé le cahier de Catenoy, ces marchés étaient ceux de Clermont, Liancourt et Lieuvillers. *Ouvrage cité*, p. 25.

coûte moins de frais pour la perception, et, en conséquence, moins de déboursé pour elle et pour tout le Royaume, sy le même sentiment étoit adopté ; accorde pour ce au cadastre général de toutes les propriétés, sy ce party étoit celuy que décidera l'assemblée pour faire un impôt juste et unique.

Se plaint encore particulièrement nôtre communauté que, quoique éloignée de trois lieues de la capitainerie D'Alatte [1], le gros gibier, comme cerfs, biches et sangliers, luy fait un tort considérable sur les productions de l'agriculture, et que depuis environ vingt ans, les Princes de la Maison de Condé sont tous les étés venus faire des chasses de ces gibiers, lesquels chasses ont encore occasionné plus de dommages aux laboureurs que les gibiers, en passant à travers les grains, quy, dans cette saison près de sa maturité, occasionne de très grands dommages, sans que pour ce il n'en ait jamais été payé aucuns à personne de cette communauté.

Se plaint encore que, malgré qu'elle paye une dixme considérable, et ce à raison de huit pour cent, sur au moins les trois quarts de son territoire, et le surplus à sept, ce quy luy coûte au moins six mil livres chaque année, et que selon l'institution devoit servir à administrer le spirituel, à l'entretien de tout ce quy le regarde et à l'assistance des pauvres, malgré ce, nous payons encore parties des sacrements, les enterrements, les réparations d'églises, écoles et presbitaires, nourrissons les pauvres, conséquemment nous payons deux fois.

Demandent également lesdits habitans qu'il plaise à Sa Majesté d'ordonner la destruction entière des pigeons, quy ravagent les campagnes aux temps des semences et de la moisson.

Fait et arretté en l'assemblée ce jourd'huy huit mars mil sept cens quatre vingt neuf.

[Signé] Prévost ; Louis Reculles ; Boulanger ; Bouchez ; Caullier ; Fauquet ; Lemaire ; Fauquet ; Recullet ; Reculle ; Sadet ; L. Bouchez ; Bouché ; Deneux ; Dupuis ; Recullet ; Augustin Dupressoir ; Joseph Bouchez ; Pierre Bouchez ; Coquel (?) ; Ph. N. Bouchez ; Reculle ; Bouchez ; Benoist ; Nicolas Conche ; Beau ; Feine ; Riondel [2] ; Bouchez.

Paraphé *ne varietur* par nous Pierre François Payen, lieutenant de la prévôté et châtellenie de Castenoy, au désir de l'acte d'assemblée de ce jourd'huy huit mars mil sept cent quatre vingt neuf.

[Signé] Payen.

On élut ensuite pour députés : Louis Prévost et Louis-Gabriel-Esprit Boucher. Louis Prévost fut l'un des vingt-deux commissaires choisis le 13 mars 1789 pour rédiger le cahier du Tiers-Etat du bailliage.

1. Forêt d'Halatte.
2. Peut-être faut-il lire : Blondel.

II

Liancourt.

La paroisse de Liancourt était la terre principale du marquisat de ce nom. Elle comptait 222 feux, ce qui lui donnait droit à trois députés. Le curé de Liancourt, Jean Verny, comparut à l'assemblée de son ordre, à Clermont.

Bien qu'appartenant à l'élection de Clermont, Liancourt était revendiqué (avec Catenoy et Sacy-le-Grand) par le bailliage de Senlis. La prétention était mal fondée. Mais, sans préjuger du droit, il semble qu'on ait voulu, en fait, se précautionner en vue d'une convocation éventuelle à Senlis, car on désigna comme députés à ce bailliage : Pierre Gout, notaire royal, Louis Bricogne, syndic municipal, et Gilles Hocquigny, bourgeois.

Le seigneur de Liancourt était le célèbre philanthrope : Alexandre-Frédéric-François de La Rochefoucauld, duc de Liancourt, qui fut député aux Etats-Généraux.

Cahier des Plaintes et Représentations du village de Liancourt.

Les habitans du village de Liancourt, pleins de reconnoissance pour la bonté du Roi, qui daigne les interroger sur les maux qu'ils souffrent, et de confiance dans le désir que Sa Majesté ne cesse de montrer de les réparer, prennent la respectueuse liberté de lui représenter :

Que les impôts levés pour le Roi et sous plusieurs dénominations diverses laissent à peine au petit nombre d'habitans aisés de la campagne leur exact nécessaire et l'enlèvent absolument au grand nombre qui n'ont pas d'aisance.

Que l'impôt de la taille, d'une perception souvent très dure, les force souvent, pour l'acquitter, de vendre jusqu'à leurs lits, et prive la terre des engrais qui la rendroient plus productive, et qui en faisant ainsi le bien du cultivateur feroit encore celui de l'Etat.

Que l'exemption de la taille a souvent jusqu'ici été soumise plutôt à l'arbitraire, qu'à des règles fixes ; et que cet arbitraire est une vexation continuelle, qui produit dans les villages les malheurs, les jalousies et les querelles [1].

Que l'impôt représentatif de la corvée présente plusieurs inconvénients sensibles : — 1º d'être élevé à la proportion du 6me de la taille, proportion trop forte et dont les difficultés de recouvrement dans un pays tranquille, plein de soumission et d'esprit public comme le Beauvoisis, prouvent l'excès ; — 2º de n'être employé que sur des grandes routes, tandis que les villages qui le fournissent n'ont ni rues ni chemins praticables pour rejoindre la grande route, ni moyen de communication entr'eux ; — 3º de n'être supporté que par la classe déjà la plus chargée et la plus pauvre, tandis que, comme l'ont dit Messieurs de l'Assemblée du Soissonnois dans leur procès-verbal, l'entretien des chemins devroit naturellement être à la charge de tous ceux qui en font usage [2].

Que la dîme est encore une imposition bien nuisible aux cultivateurs, puisqu'elle leur enlève la plus belle et la plus assurée partie de leur récolte. Qu'il est sans aucun doute nécessaire que les curés ayent des revenus assurés, qu'il est même nécessaire encore qu'ils en ayent de plus considérables que ceux qu'ont la plupart des curés du canton, parce que le bien des curés est le bien des pauvres ; mais qu'il seroit désirable et très certainement possible qu'il fut fait de bonnes pensions aux curés sur de riches abbayes dont les titulaires, ne résidant point dans le pays, n'y sont d'aucune utilité, y sont même nuisibles en consommant à Paris le produit de la récolte des campagnes.

Que les impôts des aides et de la gabelle extrêmement chers pour le peuple sont de plus encore une source continuelle de vexations, d'espionnage, de procès, d'emprisonnements, de ruine enfin et de désolation des gens de la campagne.

Que ces impôts variés à l'infini sous les noms divers *de gros manquant, de trop bu, de droits de débit en détail, etc., de devoirs de gabelle, de sel d'impôt, de sel de grenier* et vingt autres encore, semblent n'avoir été ainsi subdivisés que pour mettre les gens même de la meilleure foi dans l'impossibilité d'éviter l'apparence de manquer aux loix, et par conséquent de se soustraire aux poursuites ruineuses et arbitraires de tous ces agens subalternes, dont le profit ne dépend que du plus de mal qu'ils font aux pauvres habitants de la campagne.

Que les droits de contrôle, insinuation, etc., sont encore sous différents rapports un grand mal pour les campagnes : — 1º Que la législation de cet impôt en établit la perception sur les calculs les plus contraires à la simple raison et des plus onéreux, et que l'usage enchérissant encore sur la Loi donne tous les jours au tarif de nouvelles extensions, que le défaut ou plutôt l'inutilité des plaintes convertit bientôt en loi ; — 2º Que ces loix, fixées pour certains actes, ne le sont pas pour une grande quantité de circonstances impossibles à prévoir, que l'avidité des contrôleurs taxe toujours d'une manière excessive ; — 3º Que ces droits estimés arbitrairement et hors de toute juste proportion par les contrôleurs ne laissent pas une sécurité plus entière à ceux qui les

---

1. Il est intéressant de confronter ces idées avec celles que soutenait le duc de Liancourt dans *Finances, crédit national, intérêt politique et commerce, forces militaires de la France*.

2. Ici encore nous sommes en présence de la pensée du duc de Liancourt. Dans un rapport sur les chemins écrit pour l'Assemblée provinciale du Soissonnais, il demandait une loi « qui, descendant dans l'examen de l'intérêt de chacun, ordonne qu'il serve de proportion à sa contribution, n'exige de tribut que pour le rendre utile au tributaire. » Cf. FERDINAND-DREYFUS, *La Rochefoucauld-Liancourt*, pp. 47 et 48.

ont payés, puisque d'autres officiers du fisc, sous les noms de visiteurs, de contrôleurs ambulants, viennent quelques fois, même après plusieurs années, compulser les registres des contrôleurs, augmenter à leur gré les taxations déjà acquittées, et établir au profit du Roi de nouvelles créances sur ceux qui se croyoient à juste titre libérés depuis longtems ; — 4° Que l'avancement et le gain personnel de ces hommes se trouvant intéressés à forcer les taxes et les frais, les habitants de la campagne sont en proie à leurs vexations arbitraires ; — 5° Que ces frais énormes de droits, et plus encore toutes ces incertitudes, engagent souvent les gens de la campagne à ne pas passer par devant notaire les conventions qu'ils font entr'eux ; et qu'ensuite ces conventions, n'ayant en justice aucune force légale, deviennent pour eux une source de procès et, par conséquent, de ruine.

Que la charge de la milice portant absolument sur la classe la plus indigente des campagnes, est encore un impôt très considérable pour les familles, puisque toutes les dépenses de bourse, de voyages, de visites de chirurgiens, etc., portent à 25 ou 30 livres la part de chacun des miliciables et que ces sommes, fruit de la cotisation de toute la famille, y laissent souvent le mal aise pour plusieurs mois.

Les habitants de Liancourt n'ignorent pas l'importance de la milice pour la défense de l'Etat dans le cas d'une guerre longue et fatiguante. Mais ils osent croire que les tirages pourroient être ordonnés d'une manière moins onéreuse pour le peuple, que les exemptions pourroient en être moins considérables, et que peut-être cette charge, répandue, ainsi que les autres, sur tous les contribuables, pourroit former presque sans que personne s'en apperçut de quoi engager annuellement le nombre d'hommes, par élection, que le Roi jugeroit nécessaire pour l'entretien de sa milice ; sauf à recourir à la voix du sort sur les hommes aujourd'hui miliciables, s'il ne s'en trouvoit pas à engager de bonne volonté.

Que les frais de procédure et particulièrement les taxations des Procureurs pour les consultations et autres actes judiciaires, sont la ruine des campagnes, et qu'il n'arrive que trop souvent que l'objet qui faisoit le fonds du procès est consommé et au-delà en frais de procédure, que les gens de Loi persuadent nécessaires aux habitants de la campagne et dont une juste réduction ne peut jamais s'obtenir.

Que la charge, la plus fâcheuse de toutes peut-être pour les villages, est celle des vagabonds et gens sans aveu, mendiant en troupe, arrivant de jour et de nuit dans les fermes, dans les maisons et obligeant de leur donner des secours, dont le plus souvent ils n'ont pas l'air d'avoir besoin, sous la menace de vengeance s'ils ne sont pas satisfaits. Que ce fléau public devient tous les jours plus considérable et qu'il est de la plus grande importance de chercher à le réprimer.

Que les privilèges exclusifs accordés aux jurés priseurs d'office pour faire les inventaires, mettent les gens de la campagne dans la cruelle et indispensable alternative de voir encore consumer en frais de vacations, grosse de vente 4 deniers pour livre, la plus grande partie des héritages ; ou de se préparer une source de procès ruineux, si, pour éviter ces frais, ils partagent les successions à l'amiable, surtout lorsque quelques-uns des héritiers sont mineurs. Que ces jurés priseurs seroient utilement remplacés dans les villages par les huissiers ou sergens qui ne feroient alors dans la succession que des frais très légers.

Que les corporations de marchands établis dans les petites villes s'opposent à ce que les marchands de campagne y fassent leur commerce les jours de marché, tandis que les marchands des villes viennent librement faire leur débit dans les marchés de campagne, que cette gêne pour les marchands de campagne est encore nuisible pour les habitants de la ville, à qui les marchands, ne redoutant point la concurrence, vendent au prix qu'ils veulent. La liberté réciproque des marchands de ville et de ceux de campagne seroit utile au public et équitable.

Enfin la Communauté de Liancourt, pleine de confiance dans la sagesse de l'assemblée du bailliage qui se tiendra à Clermont, lui confie la discussion et la défense de ses intérêts qui lui sont communs avec toute la Province.

Ils osent tout espérer de l'amour du bien public qui animera les Etats généraux, et de la bonté du Roi qui sera disposé à accueillir et à accorder leurs réclamations et leurs demandes.

Fait ce premier mars mil sept cent quatre vingt neuf.

[Signé] GOUT; HOCQUIGNY; J. F. GUIBET; VUALLET; Louis BRICOGNE, sindic; REGNIER; Louis COLLIN; FAUQUET; Pierre NORET; Paul NORET; Louis DELAPLACE; Jean-Baptiste MINGUET; DU BOIS; Antoine PERVILE; BIGOT; Jean SOUSTRE; Jean BRICOGNE; Louis NOREST; Louis PARIS; Gabriel NOREST; POILLEUX; J. DENOU (?); Eloy LHOTTELLIER; BASSET; Adrien COUCHOT; MARTELLOY; BOLLÉE; LIÉVOIS; RENAULT; Pierre LEMAIRE; DELAISTRE; TESTART; Antoine PELLETIER; PONTHIEUX; Jean MOREST; MAUMU (?).

Le présent cahier a été par nous, Greffier du Marquizat de Liancourt soussigné, cotté et paraphé par première et dernière ce dimanche premier mars mil sept cent quatre vingt neuf.

[Signé] MAUPIN-DUCLOZEAU.

Les députés, choisis par les habitants, furent Charles-François Maupin, procureur au bailliage, Louis Collin, dîmeur, et Jean-François Guibet, « maître en chirurgerie ». Gustave Desjardins et le comte de Luçay ont mal lu le nom de ce dernier député et l'appellent Guibert. Ils se sont trompés [1].

Les idées du duc de Liancourt sont assez connues pour que le lecteur ait senti son inspiration dans le cahier de sa paroisse. Gustave Desjardins fait honneur de l'ensemble des revendications de Liancourt à Maupin Du Cloizeau, greffier de la justice du marquisat. Que servirait-il de contredire le docte auteur? Il a raison. Néanmoins, Maupin Du Cloizeau fut plutôt le truchement de son maître, non seulement à Liancourt, mais aussi à Clermont, où il fit partie de la commission qui mit sur pied les réclamations du Tiers-Etat du bailliage.

1. DE LUÇAY, *Comtes engagistes, Clermont en 1789*, annexe H, p. 180.

III

Sacy-le-Grand.

Sacy-le-Grand relevait du marquis de Plessis-Villette. Le curé, Antoine Nattier, est porté manquant au procès-verbal de l'assemblée du clergé à Clermont.

La paroisse, en 1789, avait 190 feux.

Paroisse de Sacy-le-Grand, bailliage de Clermont-en-Beauvaisis.

Cejourd'huy dimanche, huitième jour de mars mil sept cent quatre vingt neuf, dix heures du matin, le tiers état de la paroisse de Sacy-le-Grand s'étant formé en assemblée générale d'après convocation en la manière ordinaire, Il a été arrêté par délibération unanime dudit tiers que ses représentans aux Etats Généraux du Royaume, en même tems qu'ils porteroient au pied du Trône l'hommage et le tribut de respect, d'amour et d'obéissance que de bons et fidèles sujets doivent à la personne sacrée du Roy, s'obligeroient par serment de mettre sous les yeux de Sa Majesté les avis, plaintes, remontrances et doléances sur les objets d'administration ci-après énoncés :

1º Que les tailles sous la distribution de tailles réelles et personnelles, étant essentiellement et par l'influence des saisons et autres accidents une imposition arbitraire et variable, le tiers état ose espérer de la sagesse et de la bienfaisance du monarque qu'il y sera suppléé par un impôt dont la justice distributive puisse établir une parfaite égalité entre la taxe et le produit du sol.

2º Que la vente exclusive du sel et du tabac pour le compte du Roy, deux denrées dont l'une de première nécessité et l'autre devenue besoin, occasionne dans les provinces les désordres les plus funestes et devient un monopole odieux entre les mains des falsificateurs privilégiés de par le Roy.

3º Que les droits sur les boissons présentent des gênes et des abus de toutes espèces, dont le plus frappant est qu'étant perçus d'avance sur les consommateurs, ceux-cy ont payé pour une denrée qu'ils ont souvent le malheur de voir avarier et perdre.

4º Que des péages par eau et par terre, qui se perçoivent au compte des princes et seigneurs et qui sont aujourd'huy singulièrement augmentés en vertu de prétendus arrêts du Conseil, sont autant d'entraves dont les effets pèsent sur le commerce.

5º Que les corvées, qui se paient maintenant en argent, sont une charge plus forte pour les peuples que ne l'étoient les corvées en nature, par le vice de la répartition qui tombe en entier sur les taillables qui ne jouissent que foiblement de l'avantage des grandes routes.

6º Que la levée annuelle des milices entraîne avec elle des inconvénients qui nuisent à l'activité de l'agriculture soit à cause des déplacements, soit à cause des dépenses inévitables qui en sont la suite.

7º Que les droits accordés aux jurés priseurs en transport, vaccation et grosses de leurs procès-verbaux sont onéreux aux peuples et demandent sinon à être supprimés, au moins à être réduits considérablement.

8º Qu'il seroit avantageux pour l'agriculture que les baux des biens de gens de mainmorte ne puissent être résiliés par le décès des bénéficiers ou par la remise qu'ils font de leurs bénéfices, parce que les résiliations empêchent la bonne culture et la production des terres.

9º Que les seigneurs des paroisses soient étroitement obligés de faire rendre la justice à leurs vassaux et à cet effet d'avoir des officiers sur les lieux.

10º Qu'il seroit essentiel de séparer les états de Controlleur d'actes d'avec ceux de notaires parce que la réunion des deux qualités peut donner lieu à des abus, et de fixer d'une manière stable la perception des droits de controlle qui est aujourd'huy trop arbitraire.

11º Que les Capitaineries sont infiniment désastreuses par un code des chasses et des privilèges destructif de toute propriété, de toutes espèces de culture, d'emménagement des forêts, abusif et arbitraire dans ses condamnations personnelles et pécuniaires, lequel s'étend même sur les chasses particulières.

Tous lesquels objets sera suppliée Sa Majesté d'embrasser dans la plénitude de son amour paternel pour ses peuples.

Fait et délibéré l'an et jour susdits.

[Signé] J. Fr. Bouchez ; Bertier ; Tricot ; Beudin ; Duchauffour ; Remi Denin ; Antoine Bompierre ; Dubus ; Jacque Morel ; Lévèque ; Lyon ; Fauvel ; Jean-François Féron ; Michel Delayens ; Bompierre ; François Bompierre ; Bertin Lebel ; Germain Paris ; Jean-Gille Méry ; Dubus fils ; Faroux ; N. Coquet ; Balny, sindic.

Paraphé *ne varietur* par Nous Jean Tavernier, Procureur en la Prévôté Royale de Sacy-le-Grand soussigné.

[Signé] Tavernier.

Les députés de Sacy-le-Grand furent Jean-François Boucher et Philippe Tricot.

IV

Cauffry, Rantigny et Uny-Saint-Georges.

Ces trois paroisses font l'objet d'un seul chapitre parce que, sauf quelques points indiqués plus loin, leurs cahiers sont identiques.

La paroisse de Cauffry, qui était membre du marquisat de Liancourt, comptait 162 feux en 1789. Son curé, Pierre-Nicolas Madault, ne se présenta pas à l'assemblée de Clermont.

Cahier de représentation du village de Cauffry.

1. Les habitants de la paroisse de Cauffry avec la sensibilité qu'ils ressentent de ce que Sa Majesté daigne leur permettre des représentations à l'assemblée des Etats Généraux, croient devoir faire celles qui suivent :

2. Qu'ils reconnoissent depuis longtemps, et de père en fils, des abus considérables dans l'administration des Aides, et qu'il seroit plus intéressant pour Sa Majesté et pour eux, comme pour les autres sujets du Royaume, de réformer une quantité d'employés dans cette partie et de tirer un impôt fixe sur les vins lors de l'inventaire qui se fait ordinairement après les récoltes. Ceci pourroit produire à Sa Majesté plus qu'il ne lui en revient, en lui épargnant les frais de perception des employés, et seroit en même temps utile au peuple en lui évitant les différentes vexations exercées journellement par lesdits employés dans un endroit ou dans l'autre.

3. Ce sistème suivi, chacun feroit usage de son vin à sa volonté, la perception du droit fixe pourroit se faire comme celle des autres impositions, et plusieurs abus, qui se rencontrent dans l'exercice des employés aux Aides, soit pour les consommations personnelles, soit pour les droits de gros de détail, gros manquant et autres, sur lesquels bien certainement d'autres paroisses ne manqueront point de donner leurs plaintes, n'existeroient plus.

4. Qu'il ne leur paroit point juste d'être assujettis d'aller lever du sel au grenier plutôt que chez un regratier [1], surtout pour ceux qui souvent n'ont pas le moyen d'en avoir plus d'une demie livre, même un quarteron, à la fois, qu'il seroit très intéressant que le prix en soit diminué, principalement pour la classe des malheureux, qui par

---

1. Variante dans le cahier de Rantigny : le regratier.

leurs travaux journaliers font le bien de l'Etat en même temps que celui des personnes qui sont dans l'aisance, leur principale nourriture étant une mauvaise soupe qui consomme beaucoup de sel, et qu'ils mangent deux fois par jour.

5. Une chose absolument révoltante est que, n'étant éloignés que d'un quart de lieue de Liancourt, ils ne puissent point prendre de sel chez le regratier dudit Liancourt, parce que Liancourt dépend du grenier de Clermont, et Cauffry de celui de Creil ; il y a quelques années que plusieurs particuliers pour l'avoit fait ont subi une amande et confiscation de leur sel.

6. Qu'outre les fléaux auxquels ils sont exposés et qu'ils ne peuvent éviter, tels que les gelées, grelles et ouragans qui occasionnent des torts considérables à leurs récoltes, même la perte entière comme on l'a vu par la grêle de l'année dernière, ils ont le malheur d'être accablés de gibier, notament de lièvres, lapins, perdrix et faisans, qui non seulement rongent et détruisent en grande partie les semences qu'ils mettent sur leurs terrains, mais encore les arbres fruitiers tels que pommiers et autres, encore les vignes, au point de les faire périr. S'ils se plaignent, on leur promet des indemnités, on promet de détruire, on n'en fait rien ; mais quand même on donneroit des indemnités, elles ne seroient jamais proportionnées aux délits qui est souvent très conséquent, et quand même encore cette proportion auroit lieu, il n'en existeroit pas moins un préjudice pour l'Etat par le défaut de récolte. Il est dur pour les habitans de Cauffry de voir perdre ainsi le fruit de la production de la terre et de leurs travaux, surtout pour ceux qui payent des fermages bien chers, et de se voir rigoureusement punis si par hazard l'un d'eux tuoit un seul lapin d'un coup de bâton ou atrapoit à la course un levreau ou lapin [1] encore tout petit.

7. On peut encore atribuer aux gibiers la chéretée du bois ; c'est lui qui en empêche la production, soit dans les nouvelles plantations, soit même dans les anciennes, en rongeant ce bois tant ballivaux que taillis et le faisant périr ; les seigneurs propriétaires de la majeure partie n'en souffrent pas par l'augmentation du prix, mais il n'en est pas de même pour le particulier qui est obligé d'en acheter plutôt que d'en vendre ; ce particulier est encore rigoureusement puny si par échapée un de ses bestiaux entroit sur les possessions du seigneur, ne feroit-il point tort de six liards, le seigneur a des gardes qui veillent à la conservation de ses biens et tout à la fois à la destruction des cultivateurs.

8. La paroisse de Cauffry, relativement à la perte occasionnée par le gibier, est plus à plaindre que bien d'autres, étant voisine du Parcq de Liancourt, une quantité de fésans font un tort considérable aux productions, soit pour les grains, soit pour les légumes des jardiniers dont on fait commerce dans le pays ; on est obligé quelquefois même de les chasser pour qu'ils ne mangent point la nourriture que l'on donne aux poulles dans les cours, et si malheureusement, on étoit vû par un garde en leur jettant une seule pière, on auroit voulû les tuer, il faudroit subire amande et prison ; les réflexions à faire sur cet objet sont sensibles.

9. Qu'il se fait sur le terroir de Cauffry depuis quelques années des plantations d'arbres fruitiers le long des chemins, que ces plantations pour ne point gêner la route ne peuvent être faites que sur leurs terrains, il semble que chacun des propriétaires devroit avoir le droit de s'emparer de ce qui est sur lui, ou que si le seigneur prétend les avoir planté dans la largeur du chemin, il ne devroit pas en avoir le droit, parce

---

1. **Variante dans le cahier de Rantigny : lapereau.**

que ces arbres sont tout à la fois dans le cas de nuire au passage des voitures [1] et à la production de la terre tant par leurs racines, que par leurs ombrages ; encore si le fruit appartenoit au propriétaire, il seroit pour ce dernier objet indemnisé.

10. Qu'il y a dans leur paroisse, éloignée de Clermont d'une lieue, un moulin à l'eau, et qu'il leur paroit injuste que l'un ou plusieurs des habitans, achètant un sac de bled sur le marché dudit Clermont dans l'intention de le faire moudre à leur moulin, ne puissent point en charger la voiture du meunier à qui ils veuillent le confier sans être exposés à des dommages intérêts et confiscations.

11. Qu'il leur est absolument nuisible d'être assujetis strictement à lier et endiseler la totalité d'une pièce de grains, quelque continence qu'elle aye, avant de pouvoir en enlever une seule gerbe, ce qui les expose souvent à avoir des grains de gatés à cause des mauvais temps qui surviennent ; cet assujétissement est relatif à la dixme, droit qui mériteroit bien d'être suprimé comme imposition qui leur est bien nuisible, ainsi qu'à tous les cultivateurs.

12. Qu'il seroit à désirer relativement à l'administration de la Justice que les procès qui surviennent ne soient point de si longue durée, ny si fraieux, et que les affaires de police surtout puissent se régler sans aucuns frais.

13. Qu'ils regardent l'établissement des Jurés priseurs comme très nuisible aux gens de la campagne, c'est une source de ruine ; on veut éviter les frais immenses qu'ils perçoivent et par là on s'expose pour la suite à de gros procès en se dispensant d'inventaire et de vente de meuble.

14. Que les droits qu'ils payent pour la corvée sont exorbitants, étant à raison de la taille et autres impositions dont ils sont déjà par trop surchargés, et que ce qui leur est plus sensible à l'égard de la corvée est que les sommes qu'ils payent sont employées sur les grands chemins, tandis que ceux de communication de chez eux aux villages circonvoisins, même ceux utiles pour l'exploitation des biens qu'ils font valoir, sont impraticables ; il semble que les travaux des grands chemins devroient plutôt être à la charge de ceux qui s'en servent, et à cet effet que l'on pourroit mettre des impos de distance en distance sur toutes les voitures qui passeroient, à raison de la quantité de chevaux dont chaque voiture seroit attelée.

15. Que la population étant une richesse pour l'Etat, ceux qui sont chargées d'enfans qu'ils ont souvent beaucoup de peine à élever devroient être considéré lors de la répartition des impositions.

16. Que les curés des paroisses enchérissent journellement sur leurs droits de mariages et sépultures contre les dispositions des Réglemens, qu'il seroit à désirer une Loy de fixation certaine des sommes à payer par les parties ou que les curés en soient généralement payés d'une autre manière, soit par des pensions sur les biens considérables de l'Etat Ecclésiastique ou autrement.

17. Enfin les habitans de Cauffry mettent sur ces représentations, et tout autres que les députés voudront supléer, leur confiance dans l'assemblée du baillage de Clermont, qui doit se tenir le neuf mars présent mois, pour la discution et la deffence de leurs intérêts.

Fait à l'assemblée tenue audit Cauffry cejourd'huy deux mars mil sept cent quatre vingt neuf.

[Signé] Louis SALMON ; Pierre VIGNERON ; Claude VIGNERON ; Louis TELLIER.

1. Variante dans le cahier de Rantigny : aux voitures.

Breton ; Aubin Dachez ; Chevallier ; Louis Fallet ; Delaitre ; Claude Destrée ; Dauvillé, greffier ; Namur, syndic ; Maupin-Duclozeau.

La pluralité des suffrages s'étant réunie sur Louis Fallet et Pierre Vigneron, ces deux notables acceptèrent de porter à la réunion du Tiers-Etat à Clermont les revendications de leurs concitoyens.

M. de Luçay a donné, par erreur, le nom de Follet au premier des deux députés de Cauffry. Il faut s'en tenir, après M. Gustave Desjardins, à notre lecture.

*
* *

Rantigny, compris dans le marquisat de Liancourt, n'avait que 40 feux. Le curé, M. Ponchon, assista à l'assemblée du clergé à Clermont. Les députés du Tiers furent Louis Martin et Jean-Pierre Morenviller. Le cahier qui leur fut remis diffère peu de celui de Cauffry.

L'alinéa 5 du cahier de Cauffry a été supprimé dans celui de Rantigny.

L'alinéa 8 du cahier de Cauffry a été remplacé par le texte suivant :

Que le terroir de Rantigny est environné de sept à huit colombiers, à un quart de lieue au plus de distance, ce qui cause aux habitans un très grand dommage, tant dans le tems des semences de différentes espèces de grains, que dans celui des récoltes et même encore avant lesdites récoltes lorsque les grains commencent à venir en maturité et qu'ils se trouvent versés sans que l'on puisse parer à ce dommage malgré les soins que l'on prenne pour y veiller, l'abondance des pigeons, qui ne subsistent dans ce tems que par le délit qu'ils font, venant de toute part, n'étant point sitôt chassée d'un côté qu'on la voit reparoître de l'autre.

Cet objet bien intéressant, après le gibier, pour le bien des cultivateurs doit entrer en considération dans les nouveaux réglements qui se proposent, soit en mettant un impôt sur les colombiers contre ceux à qui le droit en seroit accordé, ou autrement, lequel seroit à la décharge de la communauté.

Les alinéas 9 et suivants sont les mêmes dans les deux rédactions.
A l'alinéa 16, on a substitué, à Rantigny, celui-ci :

Qu'il seroit à désirer que les paroisses ne soient point sujettes entièrement aux reconstructions des presbytères, qui dans les tems où ces reconstructions surviennent sont très à charge aux paroissiens ; les gros décimateurs ou autres gros bénéficiaires pouroient être assujettis à la plus forte partie des dépenses, ou, au moins, à la moitié ; la paroisse de Rantigni même, menacée et trouvant l'utilité de faire cette reconstruction la présente année ou, au moins, la suivante, mériteroit des considérations particulières à raison de ce qu'elle a tout perdu de récolte par la grêle du treize juillet dernier.

Le cahier de Rantigny se termine ainsi :

> Fait à l'assemblée tenue audit Rantigny cejourd'hui deux mars mil sept cent quatre vingt neuf.
> [Signé]..... Basset ; Pulleux ; Basset ; Dubois ; Riché ; Jeanber (?) ; Boitel ; Fontaine ; Ducrocq ; Louis Baudoin ; Hévin ; De Labbey ; Daviette ; Morenviller ; Martin ; De Labbey, sindic ; Pillon ; Delayer ; Basset ; Boitel ; Jean Basset ; Maupin-Duclozeau.

**
* *

L'abbaye de femmes de Notre-Dame de Chelles avait la seigneurie d'Uny-Saint-Georges. Elle comparut à Clermont par la personne du père Tribou, gardien du couvent de La Garde.

La paroisse d'Uny-Saint-Georges ne groupait autour de sa petite église que 25 feux ; le curé n'alla pas à l'assemblée du clergé à Clermont.

Le préambule du cahier de cette paroisse a sa forme particulière :

> Les habitans d'Uny-Saint-Georges, profitant dans ce moment de ce que Sa Majesté veut bien leur permettre de faire leurs représentations pour l'assemblée des Etats-Généraux, les ont rédigées ainsy qu'il suit.

Or, « ce qui suit » ce sont des alinéas copiés mot pour mot sur les alinéas 2, 3 et 4 du texte de Cauffry. Mais les alinéas 5, 6, 7, 8, 9 et 10 de ce texte sont remplacés par un autre exposé :

> Que l'abondance du gibier est une chose absolument préjudiciable aux cultivateurs et conséquemment à l'Etat ; les torts qu'il fait aux grains et aux bois est si considérable que l'on est surpris que, jusqu'à présent, le Gouvernement n'y ait point fait une attention sérieuse.
> La paroisse d'Uny cy-devant avoit ce fléau, commun avec bien d'autres, parce que Madame l'abbesse de Chelles avoit accordé la conservation des chasses à feu Monsieur le duc d'Estissac, seigneur de Rantigny, paroisse voisine, mais elle lui a retiré cette conservation, sur les plaintes des habitans d'Uny, et depuis ils ne souffrent que du gibier provenant de la seigneurie dudit Rantigny où il est toujours bien conservé.
> Monsieur le duc d'Estissac, propriétaire de terrain dans le terroir, y a fait planter des remises, lorsqu'il étoit conservateur des chasses, ces remises sont conservées et le bruit court que si Madame l'abbesse de Chelles venoit à mourir, celle qui la rempla-

ceroit pouroit accorder de nouveau cette conservation de la chasse d'Uny : cecy ne paroit point juste et devroit être absolument deffendu, surtout aux gens de mainmorte.

Les pigeons des colombiers de l'endroit et autres circonvoisins, comme partout, sont encore très dommageables tant dans le tems des semences que dans celui des récoltes ; on ne devroit permettre d'en avoir qu'en payant un impôt à la décharge des communautez.

Que le marché à bled le plus prochain est celuy de Clermont et qu'il est inconcevable qu'ils ne puissent point faire enlever sur ce marché le grain qu'ils achètent, soit par le meunier de Rantigny, soit par celui de Senécourt, paroisse de Bailval, meuniers voisins, sans être exposés à confiscation et autres peines.

Les habitants d'Uny ne firent pas leur l'alinéa 16, touchant le casuel et la subsistance des curés.

Leur cahier offre la conclusion suivante :

Fait à l'assemblée tenue audit Uny cejourd'huy quatre mars mil sept cent quatre vingt neuf.

[Signé] Pierre DU CROCQ ; Alexis BOLLÉ ; Augustin BOLLÉ ; Antoine FÉRET ; CHOQUET ; Noël FAVREL ; Joseph VÉRET, syndic ; Louis MEURAINE ; DOMET, greffier ; Jean CHANTRELLE ; François PORTIER ; Charles MOULIN ; Charles BOISSIER ; MAUPIN-DUCLOZEAU.

Les députés envoyés à Clermont furent Joseph Véret et Louis Meuraine. Gustave Desjardins a mal orthographié leurs noms [1] et M. de Luçay a laissé échapper une faute d'impression qui a changé Uny en Ully-Saint-Georges [2]. Mais le livre à une seule faute, où est-il ?

1. *Ouvrage cité*, p. 491.
2. *Ouvrage cité*, p. 180.

BIBLIOGRAPHIE

Ouvrages imprimés.

GRAVES, *Précis statistique sur le canton de Liancourt* (Annuaire de l'Oise de 1837).
Gustave DESJARDINS, *Le Beauvoisis, le Valois, etc., en 1789,* Beauvais, Pineau, 1869.
A. LUCIS, *Monographie du canton de Liancourt,* Clermont, Daix, 1894.
DE LUÇAY, *Comtes engagistes, Clermont en 1789,* Beauvais, 1898.
Amédée BEAUDRY, *Autour du plateau de Liancourt,* Paris, Chaponet, 1905.
FERDINAND-DREYFUS, *La Rochefoucauld-Liancourt,* Paris, Plon, 1907.

Sources manuscrites.

Le texte des cahiers a été copié aux Archives départementales de l'Oise, série B, bailliage de Clermont.

www.ingramcontent.com/pod-product-compliance
Lightning Source LLC
Chambersburg PA
CBHW061521040426
42450CB00008B/1724